Susanne Kaiser-Asoronye

EIN RUNDGANG DURCH
EISINGEN

Ortsrundgänge in Baden-Württemberg

J. S. Klotz Verlagshaus

Impressum

J. S. Klotz Verlagshaus

Schloss Bauschlott
Am Anger 70 | 75245 Neulingen
Internet: www.klotz-verlagshaus.de

Herausgeber
E. Freiburger, A. Goffin, J. Klotz
J. S. Klotz Verlagshaus

Gemeinsam für Eisingen e.V.
Alte Steiner Straße 18 | 75239 Eisingen
www.gemeinsam-fuer-eisingen.de

ISBN 978-3-948424-55-8

Autorin
Susanne Kaiser-Asoronye
Fotografie Uwe Kaiser
Margarethenkirche: Ewald Freiburger
Ausnahmen an den Abbildungen
Lektorat/Endkorrektorat Holger Müller
Grafik Susanne Kaiser-Asoronye

Dank siehe Seite 66.

Das Werk ist in allen Teilen urheberrechtlich geschützt. Jede Verwertung ist ohne Zustimmung des J. S. Klotz Verlagshauses unzulässig. Dies gilt insbesondere für Vervielfältigungen, Einspeicherung und Weiterverarbeitung durch digitale Systeme. Bildnachweis: Wenn nicht anders angegeben liegen die Bildrechte beim J. S. Klotz Verlagshaus.

© 2020, J. S. Klotz Verlagshaus

Entlang der Gemarkungsgrenze, insbesondere in Waldstücken, sind Grenzsteine aus dem 18. und 19. Jahrhundert erhalten. Meist sind auf Eisinger Seite eine Pflugschar abgebildet, das Fleckenzeichen der Gemeinde sowie die Jahreszahl, bei manchen auch die Buchstaben G und E für Gemarkung Eisingen.
Foto: Hermann Schönleber

Grußwort

Liebe Leserin, lieber Leser,

seit vielen Jahren schon stehe ich mit Bürgerinnen und Bürgern aus Eisingen im Gespräch, die mehr über die Geschichte des Ortes, der Kirche und der Umgebung erfahren möchten. Bei meinen Aktivitäten, diese zu vermitteln, konnte ich auf eine großartige Vorarbeit von Hermann Schönleber zurückgreifen, dessen Ortschronik alle Themen fundiert und umfangreich beleuchtet.

Im Laufe der Jahre entstand in der Bevölkerung der Wunsch, eine kompakte Handreichung oder Publikation zu erstellen, die auf einen schnellen Blick einen Zugang zur Ortsgeschichte ermöglicht und dazu animiert, sich tiefergehend damit zu befassen. Dass dies nun umgesetzt werden konnte, haben wir den engagierten Bürgerinnen und Bürgern aus Eisingen zu verdanken, die sich für dieses Projekt der Pflege der Ortsgeschichte und Bewahrung des kulturellen Erbes vor Ort stark gemacht haben. Ihrem Einsatz allein ist die Umsetzbarkeit dieses Projektes geschuldet.

Ein Ortsführer will aber auch entwickelt, geschrieben und erstellt sein: Das ist das Verdienst von Susanne Kaiser-Asoronye. Mit einer akribischen und feinfühligen Art nähert sie sich den Besonderheiten eines Ortes an und entwickelt dabei Ideen, die Punkte und Facetten eines Ortes hervorzuheben, die den länger dort Wohnenden oft nicht bekannt sind. Diese Kunst ist es schließlich, welche die Ortsführerreihe von Frau Kaiser-Asoronye im J. S. Klotz Verlagshaus sehr lesenswert macht.

Nun wünschen wir allen Leserinnen und Lesern Freude mit dieser Publikation. Entdecken Sie Eisingen auf eine neue Art und lassen Sie sich überraschen, welche wunderbaren Schätze der Ort beherbergt.

Herzliche Grüße
Ihr

Jeff Stephan Klotz

Foto: Sebastian Seibel

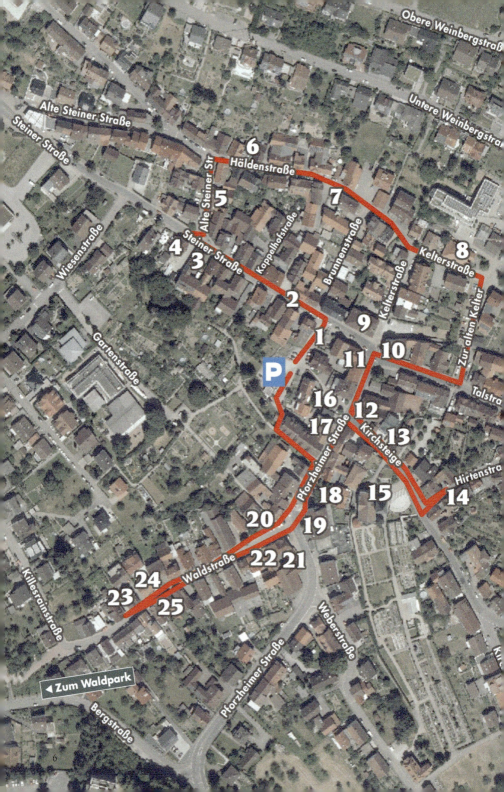

Rundgang durch Eisingen

Start am Brunnenplatz (Parkplatz-Einfahrt zwischen Steiner Straße 9 und 5)
Laufstrecke rund 1,5 km

	Lage und Historie	8
1	Scholwenhopferbrunnen	12
2	Entlang der Steiner Straße	14
3	Fachwerkhaus Steiner Str. 23	17
4	Gasthaus Adler, Steiner Str. 25	19
5	Fachwerkhaus Alte Steiner Str. 18	20
6	Fachwerkhaus Häldenstr. 22/1	22
7	Eine Frühmesskapelle in Eisingen	23
	Weinbau in Eisingen	24
8	Die „Alte Kelter"	25
	Das Eisinger Wappen	28
	Eine Burg der Herren von Ysingen?	30
9	Ehemaliges Schul- und Rathaus	32
10	Ehemalige Traube I Rathaus	35
11	Ehemaliger Gasthof „Lamm"	36
12	Fachwerkhaus Kirchsteige 1	38
13	Fachwerkhaus Kirchsteige 5	39
14	Gebäude Hirtenstraße 4	40
15	Die Margarethenkirche	41
16	Linde I Kulturhaus „Lindenhof"	46
17	Ehem. „Gasthaus zum Hirschen"	47
18	Das Pfarrhaus	48
19	Das „Eisinger Höfle"	49
20	Fachwerkgebäude Waldstraße 2	51
21	Hofanlage Waldstraße 1/3	52
22	Hofstelle Waldstraße 5	53
23	Fachwerkhaus Waldstraße 16	54
24	Verputztes Fachwerk Waldstr. 14	55
25	Gasthaus „Zum Gengenbachtal"	56
	Der Waldpark	57
	Gemarkungs-Atlas von 1869	58
	Römische Funde in Eisingen	60
	Naturdenkmal Eisinger Loch	63
	Literaturverzeichnis I Quellen	65
	Autorenvorstellung und Dank	66

Eisingen | Lage und Historie

Eisingen liegt im Nordwesten des Enzkreises in unmittelbarer Nachbarschaft zum Gengenbachtal. Seine mit 8,04 km² relativ kleine Gemarkung erstreckt sich über das Pfinzhügelland, das aus Muschelkalkschichten besteht und den südlichen Teil des Kraichgaus bildet. Westlich an die Gemarkung schließt die Bauschlotter Platte an.

Der unregelmäßige Ortskern des ursprünglichen Haufendorfs wird vor allem von den Straßenzügen nach Stein und Pforzheim bestimmt, deren Fachwerkhäuser prägend für das Ortsbild sind. Die meisten stammen aus dem 18. und 19. Jahrhundert, Eisingen ist allerdings um einiges älter: erst vor relativ kurzer Zeit wurden am östlichen Rand der Gemarkung Reste römischer Bauten gefunden (s. S. 60).

Die Römer eroberten das ursprünglich keltische Gebiet rechts des Rheins Anfang des 1. Jahrhunderts und besiedelten dieses sogenannte Dekumatland planmäßig. Dazu gehören neben Legionslagern, Grenzbefestigungen und einigen wenigen Städten vor allem kleinere Siedlungen wie Portus, das für das heutige Pforzheim namensgebend wurde. Vor allem aber überzogen die Römer das Land mit tausenden Landgütern. Im 3. Jahrhundert geriet das römische Reich aufgrund zahlreicher innerer und äußerer Krisen zunehmend unter Druck. Die nachlassende Verteidigungsfähigkeit Roms führte dazu, dass immer mehr Alamannen in die Provinz eindrangen. Im Jahr 260, spätestens aber 280 gab Rom seine rechtsrheinischen Besitzungen auf.

395 wurden ein Großteil der weströmischen Truppen von der Rheingrenze abgezogen, um Italien gegen die Westgoten zu verteidigen. Germanische Stämme drangen über den Rhein vor. In der Folge errichteten die Franken in Nordgallien ihr Reich, das sie rasch erweiterten. Nach dem Sieg über die Alamannen im Jahr 496 gliederten sie das alamannische Herzogtum Schwaben bis 511 in ihr Reich ein.

In vielen Ortsnamen spiegeln sich die Herrschaftsverhältnisse der Zeit wider: Orte, die etwa auf -ingen enden, entstanden meist in der sogenannten frühalamannischen

Landnahmezeit vom 3. bis Anfang des 6. Jahrhunderts. Fränkische Gründungen der Zeit sind an der Endung -heim zu erkennen.

Mit der wachsenden Bevölkerung setzte seit dem 6. Jahrhundert die frühmittelalterliche Siedlungsperiode ein, die bis zum 10. Jahrhundert anhielt und seit 745 auch über bisher bestehende Siedlungsgebiete ausgriff. Neugründungen

„Accurater Plan über das Dorff Eysingen". Die Handzeichnung von 1761 zeigt den Lageplan des Ortes mit Grundstücken und Häusern. Die Straßen sind mit Buchstaben und teilweise mit Namen gekennzeichnet.

Eisingen | Lage und Historie

14. September 1479: Der Hofmeister Burkhard von Reischach entscheidet im Namen des Markgrafen Christoph von Baden über die Verteilung der Kosten für die Deckung des Langhauses der Eisinger Kirche zwischen dem Stift St. Michael in Pforzheim als Mitzehntherrschaft und der Gemeinde Eisingen.

Generallandesarchiv Karlsruhe 4-3715423, http://www.landesarchiv-bw.de/plink/?f=4-3715423

dieser Zeit tragen im Ortsnamen häufig die Endungen -au, -bach, -beuren, -brunnen, -dorf, -felden, -hardt, -hausen, -hofen, -statt oder -weiler. Die Endungen -kirch, -mönch, -pfaff, -zell sind für Gründungen von Klöstern und anderer kirchlicher Grundherren typisch. Eisingen ist eine alte Siedlung: Die Anfänge des Dorfs sind wohl zwischen dem 7. und 9. Jahrhundert zu suchen. Der Ortsname dürfte sich auf einen Sippenältesten namens Yso beziehen. Im Laufe der Zeit entwickelte sich der Name von Ysingen, Usingen, Isingen, Eysingen und Eusingen zum heutigen Eisingen.

Die erste Erwähnung des Ortes findet sich im frühen 10. Jahrhundert in den Annalen (Jahrbüchern) des Klosters Reichenau. Zusammen mit einigen anderen, teils benachbarten Orten wird Ysingen als Schenkung eines Bischofs Notingus (827-830 Abt von Hirsau) an das Inselkloster Reichenau genannt. Wenig später erwarben auch die Klöster Hirsau und Lichtental Besitzrechte im Dorf.

Über die Entwicklung des Ortsadels ist nicht viel bekannt. Etwa um 1120 wird eine Hiltigart von Usingen im Zusammenhang mit einer Schenkung genannt, um 1140 ein Wernher von

Usingen als Zeuge. In Urkunden tauchen verschiedene Vertreter der von Ysingen auf, meist in Verbindung mit Schenkungen oder Übertragungen. 1357 verkauft ein Gerhard von Illingen, genannt von Isingen, seine Güter und Rechte an einen Bürger zu Pforzheim. Damit hatte das Eisinger Adelsgeschlecht erhebliche Teile seiner Rechte über das Dorf abgegeben. Nach und nach gaben sie weitere Güter über Eisingen ab und ließen sich in Pforzheim nieder. Ob die Herren von Eisingen je eine Burg besessen haben, ist nicht belegt. Es gibt zwar die Flurnamen: Burgweg, Burghecken oder unterer Bürkweg, doch sind das keine ausreichenden Anhaltspunkte für die Existenz einer Burg (s. S. 30).

Im Laufe des Jahrhunderts ging Eisingen immer mehr in den Besitz der Markgrafen von Baden über, von 1507 an war Eisingen ganz badisch, zählte zum Amt Stein und kam bei dessen Auflösung 1821 zu Pforzheim.

Die Bedeutung des Weinbaus für Eisingen findet sich in Form von Pflugschar und Rebmesser im Ortswappen wieder (s. S. 28). Der Weinbau hat eine lange Tradition, denn die erste Erwähnung davon stammt 1351 aus der Chronik des Klosters Lichtental. Der Eisinger Wein, der einem Bericht zufolge als einer der besten der Gegend bezeichnet wurde, stellte für die Winzer eine bedeutende Einnahmequelle dar. Wie wichtig der Weinbau für die Eisinger war, zeigt sich auch an der Größe der 1556/57 erbauten Kelter an der Göbricher Steige. (s. S. 25).

Eisingen in der Gesamtansicht aus einer Postkarte vom Jahr 1888.

Karte in Besitz von Susanne Kaiser-Asoronye

Scholwenhopferbrunnen | Steiner Straße

Wir starten unseren Rundgang am Parkplatz hinter dem Dorfplatz bei der Steiner Straße 3.

1 Scholwenhopferbrunnen | Backhäusle.

Ende des 19. Jahrhunderts war die Wasserversorgung völlig unzureichend für die wachsende Gemeinde. Gemessen an der Einwohnerzahl gab es nur wenige Brunnen. Das Wasser war laut eines Berichts aus dem Jahr 1907 von schlechter Qualität, die Brunnen verdreckt und von Ungeziefer befallen. Die Schwergängigkeit der betagten Pumpbrunnen erschwerten das Wasserholen, zudem trockneten die Brunnen im Sommer aus und vereisten im Winter.

Die Klagen der Dorfbewohner häuften sich, bis 1913 eine von der Bruchbrunnenquelle gespeiste Wasserversorgungsanlage gebaut wurde.

Damit wurden die historischen Brunnen nicht mehr benötigt und deshalb abgebaut. Das betraf auch den Vorgänger des heutigen Dorfbrunnens, der Laukenbrunnen genannt wurde. 1975 errichtete man neben dem ehemaligen Backhäuschen einen Betonbrunnen. 1997/98 wurde der Brunnenplatz umgestaltet und seit 2000 ziert eine bronzene Plastik des Mühlacker Bildhauers Kurt Tassotti den Brunnen. Sie stellt den „Eisinger Scholwehopfer" dar, der mit einer Weinbutte über eine Ackerscholle (Scholwe) hüpft. Aus der Butte fließt das Wasser symbolisch für die Eisinger Trauben und somit für den Wein.

> **Die Schönheit am Brunnen.**
> Von einem alten Dorfbrauch wird in Eisingen um 1900 berichtet: Die jungen Mädchen gingen einmal jährlich in handgearbeiteten Bettjacken und Unterröcken zum Wasserholen an den Dorfbrunnen. Dort ermittelten die Dorfbewohner die Trägerin des schönsten Jäckchens und des schönsten Spitzenunterrocks und die beste Handarbeit wurde gebührend bewundert.

Wo heute der Brunnenplatz ist, befand sich das Backhäusle. Schon 1853 schlug das Oberamt den Bau eines Backhauses vor, doch dieser wurde abgelehnt, weil die Frauen ihre Backwaren nicht öffentlich zeigen wollten. Doch der geplante Bau wurde 1860 ausgeführt und der Gemeindebackofen für jährlich 15 Gulden verpachtet. 1933 stand die Existenz des Backhauses auf dem Spiel, denn die Bäckerinnung reklamierte, dass das durch die Gemeinde betriebene und subventionierte Backhaus den ortsansässigen Bäcker benachteilige. Daraufhin rechnete die Gemeinde die Kosten auf den Nutzer um, lehnte eine Schließung jedoch ab. In den 1960er Jahren hatte nach der Eröffnung einer zweiten Bäckerei im Ort das Backhäusle ausgedient, das Gebäude wurde 1972 wegen Baufälligkeit abgerissen.

Das Pumpwerk am Ortsausgang nach Stein. 1910 beschloss der Gemeinderat mit knapper Mehrheit den Bau einer Wasserleitung mit Anschluss an die Bruchbrunnenquelle. Der selbe Antrag war 1903 einstimmig abgelehnt worden. Die Kosten für den Hauptstrang und die Zuleitung bis zur Hausmauerseite der einzelnen Häuser trug die Gemeinde, den Anschluss ins Gebäude hatte jeder Hausbesitzer selbst zu tragen. Bei der Bruchwiesen-Quelle entstand 1913 das erste Pumphaus und zeitgleich der erste Hochbehälter an der Bergstraße (s. Eingangstüre unten links). Das Pumpwerk gilt als technisches Denkmal und ist ein Werksteinbau mit Walmdach und Ecklisenen, die Tür zieren zwei eingestellte „dorische" Säulen. Über dem Eingang befindet sich die Inschrift „Eisingen Pumpwerk 1913" und das Eisinger Wappen.

Entlang der Steiner Straße | Verputzte Fachwerkhäuser

Gotik: Epoche der europäischen Architektur und Kunst des Mittelalters von Mitte des 12. Jahrhunderts bis um 1500.
Lanzettfenster: schlankes Fenster mit einem überhöhten Spitzbogen (Lanzettbogen) als Abschluss.
Monolithisch: zusammenhängend und fugenlos.

2 Entlang der Steiner Straße.

Der Verlauf der Steiner Straße weist eine einheitliche Bebauung mit giebelständigen, meist verputzen Fachwerkwohnhäusern mit nach Süden quergestellten Scheunen auf. Das verputzte Fachwerkhaus Nummer 5 musste im Jahr 1989 einem Neubau weichen. Bis 1955 wurde es als Scheune und teilweise als Schmiede, anschließend als Wohnraum genutzt. Hauptmerkmal am Gebäude war ein monolithisch ausgeführter gotischer Laibungsstein in Form eines Lanzettfensters sowie ein ca. 8 cm vorspringender, jedoch zugemauerter Erker. Während das Fensterchen wohl nachträglich eingefügt worden war, passte der Erker vom Gefüge her eindeutig zur Fachwerkwand. Das bedeutet, dass das 1621 erbaute Haus teilzerstört und 1748 wieder aufgebaut wurde, wobei der Fenstererker neu eingebaut und der Laibungsstein wieder verwendet wurde. Dabei hatte man die Fensteröffnung mit dem gotischen Laibungsstein mit einem alten Grenzstein als Sturz versehen.

Gotische Lanzettfenster befanden sich vorwiegend in Kirchen und Kapellen, und so war das hier verbaute ursprünglich sicher auch nicht für das bäuerliche Haus vorgesehen. Ähnliches fand man in Königsbach an einer Scheune. Dort war ein kleines Maßwerkfenster verbaut, das wohl vom abgerissenen Chor der Königsbacher Kirche stammte.

Mit Einführung der Reformation 1556 hatte die nachweislich in Eisingen vorhandene Frühmesskapelle (s. S. 23) ihre Funktion verloren. Die Kapelle mag noch Jahre, wenn nicht gar Jahrzehnte gestanden haben. Vielleicht war das Lanzettfenster ursprünglich in dieser Frühmesskapelle verbaut und wurde 1621 beim Bau der Steiner Straße 5 verwendet. Diese Vermutung lässt sich allerdings nicht belegen.

Abb. um 1900 mit Nutzung als Schmiede. Auf der Seite der barocke Erker.
Foto: Familie Steudle

Auf der gegenüberliegenden Seite steht das Anfang der 1980er Jahre renovierte und vom Fassadenputz befreite Fachwerkhaus. Die unleserliche Inschrift auf dem mittleren Ständer lautet: „DIESES HA/US HAT / ERBAUT .. / ELIAS / KUNZM/ANN UND / SEINE EF/AU ELISA / BETHA / SCHUKLIN". Laut Familienbuch haben Elias Kunzmann (*1708) und die 16 Jahre jüngere Elisabetha Schickle im Jahr 1744 geheiratet. Damit dürfte das Baujahr des Hauses um 1744 liegen, denn Elias verstarb Ende 1745 nach eineinhalbjähriger Ehe.

Links daneben stand einst der „Rappenhof", ein so genannter Freihof. Meist waren dies Adelshöfe oder privilegierte bürgerliche Höfe, ihre Hofstätten wurden als Freihäuser bezeichnet. Sie waren „frei von Frondiensten, Leibfällen, Schatzungen und anderen Beschwerden". Das „freie Höflein" war wohl ursprünglich in Besitz des Klosters Frauenalb. In einer Urkunde von 1423 werden die „Zinslin des freien Höflin zu Isingen" mitsamt der zugehörigen Grundstücke aufgelistet und dem „Erben Geistlichen Herrn mit Namen Konrad Rappenherrn, ein Conventual zu Herrenalbe" übergeben. Die Rappenherren waren ein bekanntes und reiches Pforzheimer Patriziergeschlecht. Nach mehreren Besitzerwechseln fiel das Gütlein vermutlich wieder an Frauenalb.

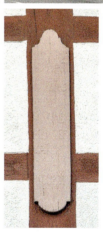

Oben: Das Haus mit Fassadenputz im Mai 1974.
Foto: Landesamt für Denkmalpflege im RP Stuttgart, Dienstsitz Karlsruhe.

Entlang der Steiner Straße | Verputzte Fachwerkhäuser

Gehen wir auf der Steiner Straße weiter, erreichen wir auf der linken Straßenseite mit den Häusern 15, 17 und 19 drei giebelseitige, zweigeschossige Gebäude, teils mit abgewalmter Giebelspitze. Das ursprüngliche Fachwerk der drei Häuser, die sich bei Drucklegung in relativ schlechtem Zustand befanden, wurde von einem Fassadenputz überdeckt.

Am Haus Nummer 15 trug der nun verputzte Eckpfosten das Erbauungsjahr 1741 und die Kennzeichnung „H I K M / B S Z" was wahrscheinlich die Initialien des Erbauers sind. Die letzte Zeile könnte ein Hinweis auf den am Bau beteiligten Zimmermann (Z) sein.

Haus Nummer 17 ist eine Fränkische Hofanlage mit Torbau. Typisch dafür sind die noch unter dem Putz erkennbaren, hervorkragenden Geschosse.

An Haus Nummer 19 sieht man an Hof und Fachwerk-Scheune die urprüngliche Nutzung der Hofanlage als landwirtschaftliches Anwesen.

Von links: Verputztes Fachwerk in der Steiner Straße 15, 17 und 19. Kleines Foto: Hofanlage Steiner Straße 19

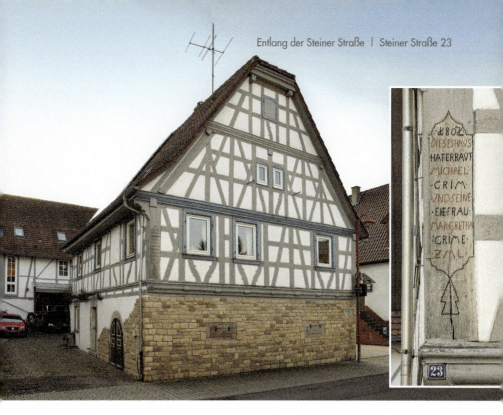

3 Steiner Straße 23.

Wir erreichen ein giebelseitiges, zweigeschossiges Gebäude mit massivem Kellergeschoss und abgewalmter Giebelspitze. Schwelle, Rähm und Füllholz treten im Fachwerk des Gebäudes hervor. Am linken Eckständer des Hauses befindet sich die Inschrift: „1802 / DIESES HAUS / HAT ERBAUT / MICHAEL / GRIM / UND SEINE / EHEFRAU / MARGRETHA / GRIME / ZML", darunter ein Pflugsech (Pflugschar). Am Türsturz der Eingangstüre sind die Initialien „M G / M K" und die Jahreszahl „1802". Das Gebäude war bis zur Renovierung 2005 mit Fassadenputz versehen, der das Fachwerk fast vollkommen verdeckte. Diese Putze kamen in der ersten Hälfte des 19. Jahrhunderts in Mode – als Verschönerung und Brandschutz.

Im Jahr 1974
Foto: Landesamt für Denkmalpflege im RP Stuttgart, Dienstsitz Karlsruhe.

Anzeige

Viel hilft viel.
Unsere digitalen Leistungen:

Elektronisches Postfach

VR-AltersvorsorgeCockpit

Finanzstatus

Kontaktlos zahlen

Elektronischer Kontoauszug

VR-Organizer

paydirekt

Scan2Bank

Freistellungsauftrag

Kwitt
Überweisungen tätigen

Finanzmanager

Jeder Mensch hat etwas, das ihn antreibt.

Mit unseren vielfältigen digitalen Services helfen wir Ihnen, Ihre Bankgeschäfte ganz bequem überall und jederzeit zu erledigen. Erfahren Sie mehr in einer unserer Geschäftsstellen oder unter
www.vrbank-enz-plus.de

Wir machen den Weg frei.

VR Bank Enz *plus* eG
Ihr Partner in der Region

07232 360-0   07232 360-490000   07232 3600   @ mail@vrbep.de   Talstraße 4   75239 Eisingen   www.vrbank-enz-plus.de

Steiner Straße 25 | Gasthaus zum Adler

4. Steiner Straße 25 | Gasthaus zum Adler.

Gegenüber der Einmündung zur alten Steiner Straße befindet sich das einzige noch bewirtschaftete historische Gasthaus des Ortes. Im Jahr 1912 wurde Wilhelm Friedrich Höfflin die Erlaubnis zum Betrieb der Schankwirtschaft „Zum Adler" gegeben. Er hatte die Wirtschaft von seinen Verwandten Karl Bauer und dessen Sohn erworben. Im Gemarkungs-Atlas von 1869 ist das Gebäude, unter dem sich vermutlich eine Fachwerkkonstruktion befindet, mitsamt Anbau und einer querstehenden Scheune eingezeichnet.

Der erste Gastwirt in Eisingen wurde schon um 1600 erwähnt. Eisingen hatte mehrere historische Straußwirtschaften und Schildwirtschaften, z.B. das Lamm (1715), den Löwen (1722), den Hirschen (1747) und die Linde (1822). Während Straußwirtschaften einfache Schenken mit Wein- und Vesperangebot waren, boten Schildwirtschaften warme Speisen und auch Übernachtungen an.

Der Adler 1933
Foto: Gertrud Höfflin.

Alte Steiner Straße 18

Wir biegen gegenüber dem Adler in die Alte Steiner Straße ein. Nach wenigen Meter sehen wir ein Fachwerkhaus.

5 Alte Steiner Straße 18.

Das Haus Nummer 18 auf der rechten Seite ist ein zweigeschossiges Fachwerkhaus mit massivem Kellergeschoss und Krüppelwalmdach. Schwelle, Rähm und Füllholz sind profiliert. An das Haus angebaut ist ein zweigeschossiger, traufseitiger Teil, ebenfalls in Fachwerkbauweise. Im Fachwerkbalken befindet sich die Inschrift 1804 1524 sowie renoviert 1994-1998. Unter der Hausinschrift ist ein Pflugsech (eine Pflugschar) abgebildet. Die lange Umrahmung der Bauinschrift und der freie Platz in deren Mitte lässt den Schluss zu, dass die Inschrift ursprünglich umfangreicher war. Leider ist diese nicht überliefert bzw. war schon sehr früh unleserlich geworden.

Bei der Renovierung wurde auch der nachträglich angebrachte Fassadenputz entfernt und das Fachwerk freigelegt. Im Rahmen der Sanierung gab der Eigentümer eine dentrochronologische Untersuchung in Auftrag. Danach konnte die Errichtung des Gebäudes in das Jahr 1804 datiert werden. Einkerbungen in einem geprüften Balken ließen die Jahreszahl 1573 erkennen. Dieses mögliche frühere Baujahr konnte durch die Untersuchung jedoch nicht bestätigt werden. Ob es sich 1804 um eine umfassende Renovierung am bestehenden Gebäude handelte oder ob der Balken aus einem älteren Gebäude stammt, blieb ungewiss.

Wahrscheinlich wurde in diesem Gebäude wenige Jahre lang ein „Gasthaus zur Rose" betrieben, der Rosenwirt Nicolaus Bauer wurde in einer Zehntrechnung von 1843 aufgeführt.

Fachwerk und Fachwerkbegriffe.

Unter Fachwerk versteht man einen Skelettbau aus Holz. Die horizontale Aussteifung des Baus erfolgte mit schräg eingebauten Streben, deren Zwischenräume mit einem Lehm-verputzten Holzgeflecht oder mit Mauerwerk ausgefüllt wurden.

Es gibt regionale Unterschiede in der Fachwerkbauweise. So finden sich etwa typische Vertreter des „fränkischen" Fachwerkbaues bis hinein ins Elsass. Das „alemannische" Fachwerk findet sich in ähnlicher Form in Südwestdeutschland. Oft entstanden auch Mischformen.

Das alemannische Fachwerk ist vor allem für die starken Balken und Streben bekannt. Die Abstände der Pfosten sind meist größer als bei anderen Fachwerkformen. Die fränkischen Fachwerke haben engere Abstände zu den Pfosten, sind auch oft verzierter. Kopf- und Fußbänder sind nicht so häufig. Auch die verwendeten Schmuckformen unterscheiden sich vor allem je nach Region.

Der verwendete Begriff Rähm bezeichnet den oberen waagerechten Abschluss der Fachwerkwand. Fachwerkschwellen sind die waagerecht liegenden Holzbalken in Fachwerkkonstruktionen, aufgeteilt in Grundschwelle, Stock- oder Saumschwellen und Fußschwellen.

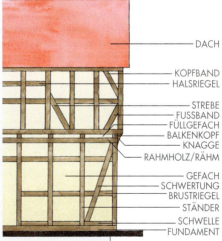

Häldenstraße 22/1 | Fachwerkhaus

Die Scheune (rechts) vor dem Umbau zum Wohnhaus
Foto: Familie Henzler

Wir folgen der Alten Steiner Straße rund 30 Meter weit und biegen rechts in die Häldenstraße ein. Nach wenigen Metern erreiche wir eine alte Fachwerk-Hofraite.

6 Häldenstraße 22/1.

Diese ehemalige Hofraite von 1798, heute Häldenstraße 22 und 22/1 war ursprünglich ein Dreiseithof. Im Gemarkungsatlas von 1869 (rechts) sieht man das Anwesen unter der Nummer 53. Darauf ist die alte Nutzung als Ökonomiegebäude und die Anordnung der Hofraite als Dreiseithof deutlich zu erkennen. Die große Fachwerkscheune wurde von den Besitzern im Jahr 1989 mit viel Liebe zum Detail zum Wohnhaus umgebaut.

Im weiteren Verlauf der Häldenstraße standen mehrere Fachwerkhäuser, die inzwischen Neubauten weichen mussten. Viele stammten aus dem 17. und 18. Jahrhundert. Am Eckpfosten des ursprünglichen, nicht mehr vorhandenen Hauses Nummer 9 war z.B. das Baujahr 1731 vermerkt.

Dreiseithof

Der Dreiseithof war, wie der Name schon sagt, eine ländliche Hofanlage, in der die Gebäude drei Seiten eines rechteckigen Hofs einnahmen.

In der Region waren Dreiseithöfe oft gedrängt angelegt und standen in geschlossenen Ortschaften.

Der Aufbau der Höfe ähnelte sich: Seitlich von der Einfahrt stand das Wohnhaus, an der Rückseite die Scheune. Gegenüber dem Wohnhaus befand sich der Stall.

7 Eine Frühmesskapelle in Eisingen

Wir gehen die Häldenstraße entlang nach Westen. Nach rund 70 Metern kommen wir an die Einmündung der Kappelhofstraße. Im „Accuraten Plan" von 1761 und im Gemarkungsatlas von 1869 ist diese Straße noch als Kapellgasse eingetragen (s. unten). Das Wort Kappel kommt aus dem Mittelhochdeutschen und bedeutet Kapelle.

Tatsächlich wird 1344 eine „Margarethen-Kapelle" genannt, die entweder eine Frühmesskapelle oder sogar die Vorgängerin der späteren Margarethenkirche war. Dass eine Frühmesskapelle bestand, ist belegt, denn 1504 übergab Ludwig von Illingen, genannt von Ysingen, seinem ehelichen Sohn, Meister Jacob, Kirchherr zu Ysingen, „die Lehenschaft und Eigenschaft des Frühmess in der St. Margarethen Kapelle mit allen dazu gehörenden Rechten". Zur „Fühmess Pfründ" gehörten das Frühmesshaus mit Hofraite und Wiesen im Gengenbachtal.

Ein Frühmesser (lateinisch Primissarius) war ein katholischer Priester, der zum Zelebrieren der heiligen Messe, in der Regel früh am Morgen noch vor Arbeitsbeginn der Bauern, verpflichtet war. Finanziert wurde er oft durch eine aus Stiftungserträgen finanzierte Pfründe (Benefizium), zu der meist ein eigenes Wohnhaus, das Frühmesshaus, gehörte. Der Frühmesser durfte Messe und Predigten abhalten, explizit ausgenommen waren allerdings Hochzeiten und Taufen, die nur dem Pfarrer vorbehalten waren, wobei letztere in Notfällen erlaubt waren.

Ob in der Kapellgasse in Eisingen diese Frühmesskapelle stand, ist naheliegend, einen sicheren Nachweis dafür gibt es bisher nicht.

Wir gehen weiter, vorbei an der Einmündung Brunnenstraße, und an der nächsten Einmündung geht die Häldenstraße in die Kelterstraße über. Hier steht das älteste, noch verbliebene Gebäude des Ortes: Die herrschaftliche Kelter.

Karte vom Vermessungs- und Flurneuordnungsamt im Landratsamt Enzkreis, Pforzheim

Weinbau in Eisingen

Die Bedeutung des Weinbaus für Eisingen findet sich in Form von Pflugschar und Rebmesser im Ortswappen wieder (s. S. 28). Der Weinbau hat eine lange Tradition, denn seine erste Erwähnung stammt aus der Chronik des Klosters Lichtental. Dort stiftete Ellin von Ysingen 1351 ein halbes Fuder Wein. Auch in einer Urkunde über die Zinsen des freien Höfleins von 1423 werden Weingärten genannt.

Der Südhang zwischen äußerer Sennig und Geisselheck war bevorzugtes Anbaugebiet, doch auch zwischen Webertal und Kirchsteige waren bis um 1761 Weingärten angelegt worden. Die Größe der Anbaufläche geht aus den Lagebüchern nicht hervor, doch die größte Ausdehnung des Weinbaus hatte Eisingen wohl im 14. und 15. Jahrhundert.

Der Eisinger Wein, der in einem Bericht des Hofrats Baumgärtner als einer der besten der Gegend bezeichnet wurde, stellte für die Winzer eine bedeutende Einnahmequelle dar, machte aber auch Maßnahmen, z.B. zur Sicherung der Hänge und eine strenge Regelung notwendig. Im Laufe des 19. Jahrhunderts ging der Weinbau zurück. Rebkrankheiten und Fröste bedrohten den Anbau, so dass sich die harte und mühevolle Arbeit in den teilweise steilen Hängen oft nicht mehr lohnte.

„Accurater Plan über die Weingarthen" 1761. Teilgemarkungsplan, in dem Grundstücke mit arabischen, Fluren mit römischen Nummern eingezeichnet sind. Grenzen sind farbig, auch Wege, Steinhaufen und Steinmauern sind vermerkt. Umliegende Wälder sind eingetragen. Handzeichnung von H. B. Goßweyler

Generallandesarchiv Karlsruhe, 4-1701167-1
http://www.landesarchiv-bw.de/plink/?f=4-1701167-1

Die „Alte Kelter" | Kelterstraße 13

8 Die „Alte Kelter".

Wie wichtig der Weinbau für die Eisinger war, zeigt sich auch an der Größe der Kelter. Die am Fuß der Weinberge an der Göbricher Steige gelegene Kelter wurde in den Jahren 1556/57 erbaut. Dies geht aus der Jahreszahl in einer äußeren Mauer sowie am steinernen Sockel einer Holzsäule im Inneren hervor. Damit ist sie eine der ältesten der Gegend.

Sie war nicht die erste Kelter im Ort, denn nach einer Urkunde von 1475 verkaufte Ludwig von Ysingen seine Hälfte der Kelter an den Markgrafen Christoph, der ihm diesen Anteil als Mannlehen wieder zurückgab. Ob die ursprüngliche Kelter schon am gleichen Ort stand, ist möglich, aber nicht gesichert (s. S. 30).

Die Kelter mit mächtigem Krüppelwalmdach hat einen massiven Unterbau mit Eckquadern; die Südmauer wird durch zwei stattliche Strebepfleiler gestützt, der Oberbau ist

Kelterstraße 13 | Die „Alte Kelter"

fränkisches Fachwerk. An der Ostseite hat sie zwei Anbauten, ein Weinhäusle und das Kelterhäusle, welches erst 1760 angefügt wurde. Im Inneren wird das Gebälk von zwei Holzsäulen auf steinernen Sockeln getragen. Der ursprüngliche festgestampfte Lehmboden wurde inzwischen mit Pflaster versehen. Vom Podest am Eingangstor aus überwachte der von der Herrschaft bestellte Zehnt-Einnehmer die gekelterte Weinmenge, von der der Kelterwein abzugeben war. Dieser wurde bis zum Abtransport an die herrschaftliche Kellerei im Weinhäusle aufbewahrt. Dass die Kelter eine Herrschafts-Kelter war, bedeutete, dass die Eisinger Weinbauern verpflichtet waren, ihren Wein dort zu pressen und von jedem Fuder Wein „4 Viertel" als Kelterwein abzugeben. Auch hatten die Eisinger Weinbergbesitzer das Zimmerholz, Stein, Kalk, Geschirr und was sonst noch zur Kelter gehörte, als Fronleistung herbeizuführen. Die Gemeinde musste das notwendige Brennholz aus dem

Die „Alte Kelter" | Kelterstraße 13

Gemeindewald stellen. Darüber hinaus waren die Eisinger verpflichtet, allen Zehntwein nach Anweisung der Herrschaft fronweise in die herrschaftlichen Kellereien nach Pforzheim, Durlach oder Stein zu fahren.

Um 1700 war das Keltergebäude mit seinen Kelterbäumen in schlechtem Zustand, eine einfache Reparatur reiche, laut Kommission, nicht mehr aus. Dennoch wurde lediglich eine gründliche Sanierung vorgenommen.

Doch die Kelter war mit ihren vier Kelterbäumen zu klein geworden, verbrauchte zu viel Holz und das offene Feuer mitten in der Kelter war gefährlich. Daher plante man den Anbau eines Stübleins. Angrenzende Grundstücke wurden gekauft und nach Plänen von Zacharias Weiß aus Grötzingen,

Das Eisinger Wappen

1852

1902

1958

Die wirtschaftliche Grundlage von Eisingen wie Acker- und vor allem der Weinbau schlägt sich im Ortssiegel und im Ortswappen nieder.

Eisingen kam im Laufe des 15. Jahrhunderts an die Markgrafen von Baden, die schließlich 1495 das letzte Viertel des Ortes erwerben konnten. Schon zwei Jahre später, 1497, schuf sich der Ort sein erstes Siegel mit den Wappensymbolen Pflugschar und Rebmesser als landwirtschaftliche Bildsymbole. Das Siegel trug die Umschrift „SIGILUM VILLE YSINGEN".

In den folgenden Jahrhunderten konnten auf Dutzenden Urkunden dieses Siegel in verschiedensten Formen festgestellt werden: mit Blumen und Sternen umkränzt, in unterschiedlichen Rebmesserformen oder Pflugscharabbildungen und in verschiedenen Anordnungen.

1902 nahm die Gemeinde auf Vorschlag des Generallandesarchivs das noch heute gebräuchliche Wappen an. Die dem Siegelbild nachempfundenen Symbole sind mit der an die badischen Farben angelehnten Tingierung versehen. Die Flagge selbst wurde am 15. Januar 1985 vom Landratsamt Enzkreis verliehen.

Das Rebmesser in der Heraldik.

In der Heraldik wird das Symbol des Rebmessers des öfteren verwendet – vorwiegend in Weinbau-Orten, selten in Familienwappen. Es wird differenziert zwischen Heppe, Winzermesser und Weinmesser. Die Heppe (Hippe) ist ein gekrümmtes Messer zum Abschneiden von Zweigen, Schößlingen etc., und sieht der Sichel sehr ähnlich, die Bezeichnung wurde regional auch synonym zu Sichel verwendet – vergleichbar mit dem Gemeindewappen von 1852 und 1902. Sie wurde nicht ausschließlich im Weinbau verwendet. Das Winzermesser besitzt meist zwei unterschiedliche Krümmungen, während das Wein- oder Rebmesser nur am Messerende noch eine Krümmung oder Spitze hat. Bei den Wappen von 1958 und 1985 handelt es sich also nicht (mehr) um eine Heppe, sondern um ein Wein- oder Rebmesser.

einem Kelterbau-Spezialisten, die Kelter erweitert. 1823 bot die großherzogliche Domänenverwaltung der Gemeinde die Kelter zum Kauf an. Damit waren auch die Zehnt-Abgaben und Fronleistungen an die Herrschaft beendet.

Seit 1949 ist die Alte Kelter nicht mehr in Betrieb, das Gebäude war dem Verfall preisgegeben. Anfang der 1970er Jahre sprach sich die Gemeinde für den Erhalt des Gebäudes aus, und mit Unterstützung von Vereinen, Geschäftsleuten und ehrenamtlichen Helfern wurde die Kelter erhalten.

Im Jahr 1978, nach umfangreichen Sanierungsmaßnahmen, wurde in der alten Kelter ein „Kelter- und Weinbau-Museum" im Besitz und unter der Trägerschaft der Gemeinde eingerichtet.

Interesse an einer Besichtigung?

Rathaus Eisingen
Talstraße 1, 75239 Eisingen
Tel: 07232-38110
gemeinde@eisingen-enzkreis.de
eisingen-enzkreis.de

Eine Burg der Herren von Ysingen?

Die Vorstellung, die sich Viele von einer Burg machen, zeugt vom idealisierten Bild des Mittelalters zu Beginn des 19. Jahrhunderts. Die frühen Burgen bestanden oft nur aus einem hölzernen Turm an einer exponierten Stelle, umgeben von Palisaden, später folgten Bauten aus Stein. Der erstarkte Adel im 10. und 11. Jahrhundert errichtete kleine Burgen zur Verteidigung oder baute einst unbefestigte Landgüter in wehrhafte Schutzbauten um. Diese „Burgen" waren jedoch überschaubar. Im Erdgeschoss Küche und Lagerräume, eine große Halle im ersten Stock, darüber Wohn- und Schlafraum – und oft unterschied sich das Leben der Burgherren nicht wesentlich von dem seiner Hörigen. Eine Burg war also zunächst einmal ein wehrhafter Adelssitz. Ein Beispiel hierzu liefert Königsbach, denn dort war die „Burg" nur ein verteidigungsfähiges Gebäude aus Stein, zwar von dicker Mauer umgeben und am hohen „Steinhausberg", aber ohne Burgfried. Im 14. Jh. mit veränderter Kriegsführung war die große Zeit des Burgenbaus vorbei. Vorhandene Anlagen wurden lediglich erweitert oder umgebaut. In den Bauernkriegen (1523-1526), im Dreißigjährigen Krieg (1618-1648) und im Pfälzer Erbfolgekrieg (1688-1697) wurde ein Großteil der deutschen Burgen endgültig zerstört.

Es gibt keine gesicherten Erkenntnisse darüber, ob und wo der Eisinger Adel eine Burg oder ein entsprechendes Gebäude bewohnte, denn die Quellenlage und die archäologische Spurenlage sind spärlich. Auch ein Wappen der „Ysinger" ist nicht überliefert. Doch „wer keine Burg besaß, war auch kein richtiger Adliger". Unter diesem Aspekt ist es denkbar, dass auch die Herren von Ysingen zumindest einen befestigten Sitz hatten.

Eine Burg der Herren von Ysingen?

Die Flurnamen Burgweg, Burghecken oder unterer Bürkweg liefern keine ausreichenden Anhaltspunkte für die Existenz einer Burg an besagter Stelle.

Von Michael Oesterle in Luftbildern entdeckte geometrische Grundrisse beim Hochbehälter Forchen 2 konnten zwar als Fund klassifiziert, als Burganlage allerdings ausgeschlossen werden. Bei Nachforschung erkannte Oesterle, dass die jetzige „Alte Kelter" den höchsten Punkt im alten Ortsbild darstellte. Auffällig war auch, dass das Aussterben des Eisinger Adelsgeschlechs um 1550 nahezu zeitgleich mit dem Beginn des Kelterbetriebs erfolgte. Womöglich wurde also die „alte Kelter" auf einem Vorgängerbau wie einem Burgareal oder Steinhaus mit kräftigen Außenmauern und Stützpfeilern errichtet. Das würde erklären, warum die Kelter an einem für eine Bebauung ungünstigen Hang gebaut wurde und nicht auf den plateauartigen Hangterrassen in unmittelbarer Nähe. Für die Burgthese spricht das Ausmaß der Kelter, denn die Abmessungen entsprechen dem üblichen Burgmaß einer dörflichen Kleinburg oder eines befestigten Steinhauses.

Da eine genaue Feststellung nur durch aufwändige Grabungen und weiterführende Forschung erbracht werden kann, muss dies lediglich eine Hypothese bleiben – insbesondere da eine „Burg der Herren von Ysingen" in keinen Urkunden Erwähnung fand.

9 Steiner Straße 2 | Ehem. Schul- und Rathaus

Gegenüber dem „Lamm" fällt uns ein zweigeschossiger Massivbau mit Walmdach, Stockwerkgesims und Eckquaderung auf. Es ist das ehemalige Schul- und Rathaus, wovon der Glockenturm als Dachreiter sowie die Inschrift über dem Eingang zeugen: „1853 | Unsern Eingang segne Gott".

Der Standort des ersten Schul- und Rathausgebäudes ist nicht bekannt, doch müsste es in der Nähe der Kirche gestanden haben. 1727 stellte die Gemeinde den Antrag für einen Neubau, denn „das alte Rathaus sei fast verfallen, die rechte Seite sei schon abgesunken, man müsse täglich mit dem gänzlichen Ruin rechnen … da es baufällig sei, habe der Schulmeister in seinem Haus Unterricht gehalten".
Die Notwendigkeit eines Neubaues wurde zwar bestätigt, der Antrag aufgrund der herrschenden Kriegswirren jedoch abgelehnt.

Ehemaliges Schul- und Rathaus | Steiner Straße 2

1761 wird ein neues Schul- und Rathaus an der Kirchsteige als Haus Nr. 53 genannt. Schon 1798 war es wieder in schlechtem Zustand und noch 1838 wurden in einem Visitationsbericht die alten Mängel aufgezeigt, so fehlten unter anderem die Abtritte für die Schuljugend.

Es sollte bis 1853 dauern, bis der Neubau – im Wesentlichen in seiner heutigen Form – begonnen wurde. Im neuen Haus waren Schulsäle, die Wohnungen der Lehrer und verschiedene Nebenräume enthalten. Der Rathausteil besaß einen Raum für Feuerwehrgerätschaften, sowie Wachstube, Arrestraum, Gemeinderatszimmer, Ratssaal und Registrierlokal mit Nebenräumen.

Anfang des 19. Jahrhunderts wuchs die Bevölkerung weiter an und der Schulraum reichte bald nicht mehr aus. Im Februar 1914 bot der benachbarte Traubenwirt sein Wirtschaftsgebäude der Gemeinde an. Die großherzogliche Bauinspektion hielt die Räume für ungeeignet und ein Neubau mit Wohnungen für die Lehrer wurde beschlossen.

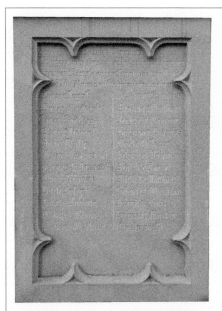

Kriegsdenkmal am ehemaligen Schulhaus.
Links des Eingangs ist eine gelbe Sandsteinplatte eingelassen, die an die Teilnehmer des Deutsch-Französischen Krieges erinnert. Über den Namenslisten die Gedenkschrift: „Den nachbenannten Kriegern zum ehrenden Andenken an die ruhmreichen Kämpfe gegen Frankreich im Jahr 1870/71 von der Gemeinde gewidmet". Gefertigt vom Dürrner Steinhauer Matthäus Besserer, war die Platte sehr stark verwittert und damit teils unleserlich. Sie wurde daher im Jahr 2015 erneuert.

Das ehemalige Schul- und Rathaus auf einer Postkarte vom Juli 1888. Hinter dem Gebäude, in der Kelterstraße 1, eine fränkische Fachwerk-Hofraite, die heute nicht mehr existiert.

Steiner Straße 2 | Ehemaliges Schul- und Rathaus

Der Ausbruch des Ersten Weltkrieges beendete das Bauvorhaben. In der Not bot die evangelische Kirchengemeinde ihren Gemeindesaal für den Schulunterricht an. Anfang der 1920er Jahre kam die Gemeinde dann doch auf das Angebot des Traubenwirts zurück und nach dem Umzug der Gemeindeverwaltung in die umgebaute „Traube" konnte das Schul- und Rathaus zur Gänze als Schulhaus genutzt werden.

Nach dem Zweiten Weltkrieg war dennoch ein Schulhausneubau dringlich. Vor allem die Sanitäranlagen und hygienischen Bedingungen wiesen eklatante Mängel auf, wie der Amtsarzt 1949 feststellte. Das Schreiben des Bürgermeisters Max Kölle aus dem Jahr 1962 beinhaltet, dass er „es nicht fassen kann, dass es solche Zustände in unserem Land noch gibt. ... dies ist kein Schulhaus sondern ein Seuchenherd." Mit der Einweihung eines modernen Schulhauses 1968 am Killesrain war Abhilfe geschaffen. Nach dem Umzug wurde das ehemalige Schul- und Rathaus umgebaut. Im Obergeschoss baute die Gemeinde die Räume zur Nutzung durch Vereine aus, das Untergeschoss war für einige Zeit eine Arztpraxis und zum Teil Gerätehaus der Freiwilligen Feuerwehr. Heute dient es als Vereinsheim und als Gerätehaus des Deutschen Roten Kreuzes.

Das Gasthaus Traube zu Anfang des 20. Jahrhunderts. Gut zu erkennen sind die hervorstehende Gaube und das Fachwerk am Eckerker.
Rechts handcolorierte Postkarte um 1900. Hier fällt der imposante Wirtshausausleger und der heute nicht mehr vorhandene Balkon mit schmiedeeiserner Balkonbrüstung auf sowie die Position der Eingangstüre.
Foto li: Michael Oesterle
Bild re: Gemeindearchiv / Andreas Überschär

Ehemalige Traube | Rathaus | Talstraße 1

10 Talstraße 1 | Ehemalige Traube | Rathaus

Das Gasthaus „Zur Traube" wurde 1891 erwähnt, der damalige Wirt war Georg Mattheus Schwarz. Wahrscheinlich begann der Wirt das Gasthaus „Zur Traube" in dem im Gemarkungsatlas 1861 eingezeichneten Vorgängerbau. Der dreigeschossige massive Eckbau wurde erst um 1900 errichtet.

Im Februar 1914 bot Schwarz erstmals sein Gebäude der Gemeinde an, da das benachbarte Schul- und Rathaus zu klein wurde. Das Angebot wurde als ungeeignet abgelehnt. Erst Anfang der 1920er Jahre kam die Gemeinde auf das Angebot zurück (s. S. 34), tauschte das Anwesen gegen ein Gemeindegrundstück und beglich zusätzlich ein Aufgeld. Anschließend wurde das Gebäude zum Rathaus umgebaut und 1925/26 bezogen.

oben: Rückansicht des Rathauses mit Fachwerk.

Schnitzereien an der Eingangstüre erinnern an das alte Gasthaus „Zur Traube"

Der Gründerbau verfügt über einen massiven Eckerker sowie einen Glockenturm, das ursprüngliche Fachwerk des Obergeschosses wurde inzwischen verschiefert. Noch heute sind mit den Weinranken auf der Rathauseingangstür die Symbole der alten „Traube" zu sehen.

Steiner Straße 1 | Ehemaliger Gasthof „Lamm"

11 Steiner Straße 1 | Ehemaliger Gasthof „Lamm".

Eine Straußenwirtschaft, wahrscheinlich das „Lamm" wurde 1708-1711 von Hanß Karst betrieben. Wenig später erhielt sein Bruder Hermann die Schildgerechtigkeit für den „Gasthof Lamm". Das Gebäude diente bis 1878 als Gasthof, dann als Geschäftshaus. Es wurde mehrfach umgebaut, zeitweise war das massive Erdgeschoß mit Fliesen versehen. Das zweigeschossige Fachwerkhaus ist im westlichen Hauptteil giebelseitig mit Krüppelwalmdach. Am ursprünglichen, inzwischen im Haus verbauten Türsturz war die Jahreszahl 1832 zu sehen, die von einem Umbau stammt, denn das Fachwerkhaus wurde vor 1715 erbaut.

Auffallend sind die geschwungenen „Andreaskreuze" unter den Fenstern des Dachgeschosses. Dieses besteht aus zwei sich diagonal kreuzenden und überblatteten Streben innerhalb eines Brüstungsfeldes. Es ist eine Schmuckform, die nur sekundär oder gar nicht zur Aussteifung des Gebäudes benötigt wird. Der Name verweist auf den Apostel Andreas, der an einem solchen Kreuz gekreuzigt worden sein soll.

oben: Der Wirtshausausleger des „Lamm".
Mitte: Das ehemalige „Lamm" und Blick in die Steiner Straße auf einer Postkarte Anfang des 20. Jahrhunderts.
Darunter: Inschrift am Türsturz, inzwischen innerhalb des Hauses verbaut.

Anzeige

sparkasse-pforzheim-calw.de

Nähe ist uns wichtig.

Unser Service in Eisingen.

Als kompetenter Ansprechpartner bei allen Finanzfragen sind wir gerne für Sie da:

Sparkasse in Eisingen
Weberstraße 4, Telefon 07232 3813-0

SB-Service vor Ort und Online-Banking rund um die Uhr.

Wenn's um Geld geht – Sparkasse Pforzheim Calw.

FRANK NONNENMANN · Feldbergstr. 1 · 75239 Eisingen · schmuckmanufaktur.fn@gmail.com

Kirchsteige 1 | Freigelegtes Fachwerkhaus

Wir wandern die Pforzheimer Straße entlang und kommen nach wenigen Metern an die Abzweigung zur Kirchsteige.

Das verputzte Fachwerk der Kirchsteige 1 im Jahr 1974.

Foto: Landesamt für Denkmalpflege im RP Stuttgart, Dienststitz Karlsruhe.

12 Kirchsteige 1 | Freigelegtes Fachwerkhaus.

Das Eckhaus ist ein Wohngebäude in fränkischer Fachwerkbauweise, das wie viele Eisinger Fachwerkbauten früher mit einem Fassadenputz versehen war. Das Baujahr des giebelständigen Gebäudes mit Giebelfachwerk liegt möglicherweise in der 2. Hälfte des 17. Jahrhunderts.

An der linken Seite war nach dem Zweiten Weltkrieg die Schuhmacherei mit Schuhverkauf von Otto Schickle untergebracht (sh. kleines Foto). Schickle baute dafür ein größeres Schaufenster ein, was das an dieser Stelle unterbrochene Fachwerk heute erklärt. In den Jahren 1990/91 wurde das Gebäude umfassend saniert und das Fachwerk vom Fassadenputz befreit.

Wir gehen einige Meter in die Kirchsteige hinein. Diese gehört zum alten Ortskern und einige Fachwerkbauten zierten früher die Straße. Allerdings mussten viele davon einer neuen Bebauung weichen, so z.B. die Anwesen 3 und 7. Das Fachwerk des abgerissenen Hauses 7 hatte am Eckpfosten die Inschrift: G:H:K:M / M G : K / .178(?). Darunter ein Pflugsech (eine Pflugschar), was auf die frühere landwirtschaftliche Nutzung des Anwesens schließen lässt.

An der Kirchsteige, am Platz des heutigen Kriegerdenkmals, befand sich auch das alte Schul- und Rathaus, das um 1700 erbaut wurde und die Wohnung des Lehrers mit Stall und Nebengebäuden beherbergte (s. S. 33).

13 Kirchsteige 5 | Fachwerkhaus mit Inschrift.

Auch das aus dem 18. Jahrhundert stammende Fachwerk des Gebäudes mit der Haus Nummer 5 war unter Fachwerkputz versteckt und wurde im Zuge einer Renovierung im Jahr 1991 freigelegt. Die möglicherweise früher vorhandene Inschrift am Eckständer ist nicht überliefert. Sie war vermutlich schon im 19. Jahrhundert unlesbar und wurde bei der Renovierung mit viel Fantasie neu aufgemalt. Auch die für landwirtschaftliche Bauten übliche Pflugschar (Pfeil) fehlt nicht.

Hirtenstraße 4 | Fachwerkhaus mit Inschrift

Die Hofanlage, Anfang des 20. Jahrhunderts mit und ohne Fachwerk.
Foto: Gisela Mende

Nach wenigen Schritten erreichen wir die Hirtenstraße, in die wir einbiegen. Nach rund 80 Metern sehen wir eine ehemalige Hofanlage.

14 **Hirtenstraße 4 | Fachwerkhaus mit Inschrift.** Die Hofanlage ist ein noch immer verputztes Fachwerk, das aus dem Anfang des 19. Jahrhunderts stammt.

Auf einer Holztafel ist folgende Inschrift erhalten: „1813 / DIESES / HAUS / HAT / ERBAUT / LORENZ / GRÄßLE / U. SEINE / EHEFRAU / ELISABETHA / Z W." Die letzten zwei Zeichen dürften wohl ein Hinweis auf den Zimmermann (Z) sein.

Wir gehen die Hirtenstraße wieder zurück, biegen nach rechts in die Kirchsteige ein und kommen zur evangelischen Kirche Eisingen.

Die Margarethenkirche

15 Die Margarethenkirche.

Die Margarethenkirche liegt sanft am Hang. Ihr Patrozinium ist das der Heiligen Margarethe, die vor allem im Mittelalter in besonderer Weise mit dem Weinanbau und der Landwirtschaft in Verbindung gebracht wurde.

Der Zeitpunkt der Grundsteinlegung der ersten Kirche liegt im Dunkeln, eine urkundliche Erwähnung ist nicht auffindbar. Es ist zu vermuten, dass es schon bald nach der ersten Nennung von Eisingen um 830 eine Kapelle gab, allerdings wird erst 1344 eine Margarethen-Kapelle genannt. Ob dies die Vorgängerkirche war oder eine Frühmesskapelle im Dorf, ist nicht belegt (s. S. 23).

Ehrenanlage für die Toten beider Weltkriege.
In eine Ehrenmauer aus gelbem Sandstein wurden drei Namenstafeln aus Muschelkalk eingelassen, die die Namen der Gefallenen beider Weltkriege aufführt. Links von der Mauer beherrscht ein hohes Kreuz aus Muschelkalk die Anlage. Darauf befindet sich in erhaben gemeißelter Schrift die Widmung der Gemeinde. Ein Vorgängerdenkmal von 1922 für die Opfer des Ersten Weltkrieges musste dem neuen Kriegsdenkmal weichen, das 1963 eingeweiht wurde.

Die Margarethenkirche

Die Eisinger Kirche ist eine Chorturmkirche. Ursprünglich besaß sie einen im Turm befindlichen Chor, an den ein „Laiengebetssaal", also ein Kirchenschiff angesetzt wurde. Chorturmkirchen sind im Raum Pforzheim vielerorts anzutreffen. So liegt der Ursprung der Kirche, sofern kein früh- oder hochmittelalterlicher hölzerner Kirchenbau vorhanden war (was durchaus für viele Siedlungen der Region anzunehmen ist), vermutlich im 13. Jh. Die geläufige, späte Datierung der Kirche auf die Zeit um 1340 bis 1380 anhand der schriftlichen Erwähnungen oder des Schlusssteines mit der Ebersteiner Rose im früheren Chorraum, können nicht als schlüssige Begründung für einen Neubau im 14. Jh. angesehen werden. Schließlich stellt das Wappen der Ebersteiner oft auch einen Hinweis auf die Klöster Herrenalb und Frauenalb dar, deren Stifter die Familie war.

Kirchenneubauten in der zweiten Hälfte des 14. Jahrhundert. sind in der Region aufgrund der gesellschaftlichen und politischen Lage (Pest, wirtschaftlicher Zusammenbruch etc.) die absolute Ausnahme. Vielmehr scheint die Kirche als vergleichsweise einfache Turmkirche im 13. Jh. gegründet und im 14. Jh. im Sinne der Spätgotik umgebaut worden zu sein, z.B. mit Einbau von größeren Spitzbogenfenstern. Dabei wurde der Durchgang zwischen Kirchenschiff und Chor (Triumphbogen) offensichtlich verändert.

Gegen Ende des 15. Jahrhundert. kam es zu einem dritten mittelalterlichen Umbau. Hinweise hierfür sind die berühmte Glocke aus dem Jahr 1492, die sich heute noch in der Kirche befindet, sowie die Tür zur Sakristei mit ihrer stilistischen Anlehnung an Baustile der Zisterzienser (möglicherweise bestanden Verbindungen zu Maulbronn). Die Gestalt der Kirche sollte sich in der Folge bis 1880 nicht mehr verändern.

Anzeige

Senioren Tagespflege-Eisingen

Tagsüber in einer geborgenen Gemeinschaft und Abends wieder zu Hause

- Liebevolle Betreuung in gemütlicher, wohnlicher Atmosphäre
- Integration demenzkrankter Tagesgäste in die gesamte Tagespflegegruppe
- Freundliches und verständnisvolles Fachpersonal

Versorgungsvertrag mit allen Kassen. Lernen Sie uns an einem kostenlosen Probetag kennen.

Mittlere Waldparkstraße 4
75239 Eisingen | Tel: 07232 809403
www.senioren-tagespflege-eisingen.de

Ihr Einkaufsziel
frisch - günstig - freundlich

Steiner Str. 25/6 • 75239 Eisingen
Tel. 07232 / 31 86 00 • Fax 07232 / 31 86 01
E-Mail: edeka-kolb@gmx.de

**Öffnungszeiten:
Montag - Samstag 8.00 - 20.00 Uhr**

Die Margarethenkirche

Bereits im 18. Jahrhundert begann in Eisingen eine Diskussion um den schlechten Zustand und den für die gewachsene Bevölkerung viel zu kleinen Kirchenraum. Diese Diskussionen und auch die Verhandlungen um die Finanzierung zogen sich schließlich rund 100 Jahre hin, bis 1880 die Kirche ihre heutige Gestalt erhielt und im Stile protestantischer Landkirchen eingerichtet wurde.

Gerade die Eisinger Kirche stellt kirchengeschichtlich ein Kuriosum in der Region dar: Das alte Kirchenschiff wurde bereits um 1880 komplett abgetragen, um nach über einem Jahrhundert des Platzmangels einen vergrößerten Kirchenbau zu schaffen, der – im Verhältnis zum klassischerweise geosteten Vorgängerbau – um 90 Grad im Uhrzeigersinn gedreht wurde, sodass die heutige Kirche nach Süden ausgerichtet ist. Durch den Abriss des mittelalterlichen Kirchenschiffes ging der Eindruck der früheren Chorturmkirche gänzlich verloren.

Auch der Gaden, ein Holzgeschoss im Speicher, über dem Kirchenschiff, dessen Kammern als Vorratsräume dienten, fiel dem Umbau zum Opfer. (Autor: Jeff Klotz)

Plan der ursprünglichen Chorturm-Kirche.
Foto: Landesamt für Denkmalpflege im RP Stuttgart, Dienstsitz Karlsruhe.

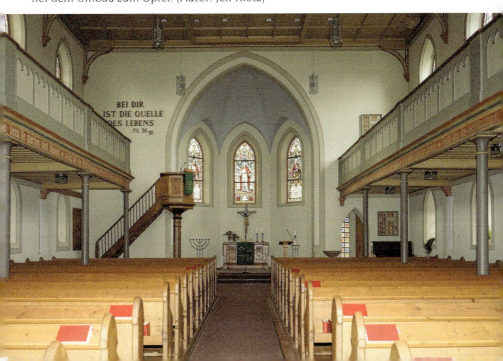

Pforzheimer Straße 4 | Ehemalige Linde | Kulturhaus „Lindenhof"

16 Ehemalige Linde | Kulturhaus „Lindenhof".

Direkt gegenüber der Kreuzung zur Pforzheimer Straße stand die Dorflinde. Rechts daneben lag ein weiteres traditionelles Gasthaus, die „Linde", 1820 gebaut und 1866 eröffnet. Darin fand 1880 anlässlich der Einweihung der „neuen Kirche" das Festessen statt. Bis zu einer kurzen Unterbrechung während des Zweiten Weltkrieges war die Gaststätte immer in Betrieb, mit wechselnden Eigentümern oder Pächtern. Mit dem Abriss der Linde 1966 endete die Geschichte dieses traditionellen Eisinger Gasthauses.

Das hinter der Dorflinde gelegene Fachwerkwohnhaus wurde 1993 von der Gemeinde erworben und 1998 zum Kulturhaus „Lindenhof" umgebaut. Der frühere Gewölbekeller ist heute Trauzimmer. Am Eckbalken des Fachwerkbaus existiert noch die Inschrift:
1821 / DIESSES HAVS / HAT ERBAVT / JOHANN GE/ORG SCHICKLE / UND SEINE / EHFRV BAR/BARA SCHW/ARZIM / DAS BAVEN / IST EINE S/CHÖNE LVST / DAS ES MICH / SO FIEL GE/LT KOST DAS / HAB ICH ABER / NICHT GEW/VST DAS ES M/ICH SO FIEL DALER KOST.

Vor dem Lindenbaum und dem Gasthaus zur Linde Anfang des 20. Jh.
Foto: Michael Oesterle

Ehemaliges „Gasthaus zum Hirschen" | Pforzheimer Straße 10

17 **Ehemaliges „Gasthaus zum Hirschen".**
Der erste bekannte Hirschwirt war 1747 Hanß Jacob Klotz. Er verfügte für sein Gasthaus über die Schildgerechtigkeit – ebenso wie das „Lamm". Über Jahrzehnte sind Klagen vermerkt, dass „ledige Burschen zu Ungebühr die Branntweinhäuser besuchten". Die Klagen über „Branntweintrinker" zogen sich bis Ende des 19. Jahrhunderts hin, trotz Besitzer- und Pächterwechsel der Gastwirtschaft. Höhepunkt war der Entzug der Schankerlaubnis „wegen des hohen Sündenregisters", der Wirt habe die „männlichen Gäste zum Trinken genötigt, ja sogar die Frauen, die ihre Männer holen wollten, in den Keller oder in den Abtritt eingesperrt". 1890 kaufte Christian Nikolaus Karst den Hirschen, riss das in die Jahre gekommene Gebäude ab und stellte einen Neubau an die gleiche Stelle. Der Wirtschaftsbetrieb muss während des Zweiten Weltkrieges eingestellt worden sein, denn im Gebäude waren französische Kriegsgefangene untergebracht und 1951 wurde die Gaststätte als „Fabriklokal" bezeichnet.

Über dem Eingangsportal mit klassizistischem Giebel und Säulen befindet sich die Darstellung eines Hirschkopfes mit Geweih und Eichenlaub. Die Inschrift unmittelbar darunter nennt den Erbauer und das Baujahr: „ERBAUT IM JAHR / 1906 / VON / CHR. N. KARST".

18 Das Pfarrhaus.

Nach dem geistlichen Lagerbuch von 1572 liegt das Pfarrhaus samt Scheuer, Hofraite und Gärtlein aneinander bei der Kirche (...) . Wann dieser Vorgängerbau errichtet wurde, ist unbekannt, jedoch wurde es im Jahr 1800 auf das Jahr 1536 datiert. Diese Jahreszahl fand sich beim Abriss im Kellergewölbe des alten Hauses. Das Pfarrhaus war von der Herrschaft gebaut und unterhalten worden.

Vor allem im 18. Jahrhundert waren zahlreiche Reparaturen im baufällig gewordenen Gebäude notwendig: die Böden waren faul, die Decken löchrig, die Kellerdecke rissig, und der Dachboden drohte einzustürzen. Um 1800 entschied sich die Gemeinde zum Neubau. Nachdem die Suche nach einem geeigneten Grund – nah zur Kirche und gut zugänglich – erfolglos war oder sich als zu teuer herausstellte, riss man das alte Pfarrhaus ab und baute das neue an die selbe Stelle. Der alte Gewölbekeller blieb erhalten, ebenso waren Scheuer und Holzremise noch brauchbar. Der Karlsruher Baumeister Friedrich Weinbrenner riet, die angrenzende Scheune zu kaufen; dem wurde zugestimmt. 1807 wurde das neue Pfarrhaus nach Entwürfen von Friedrich Weinbrenner und seinem Kollegen und Gehilfen Johann Christian Theodor Fischer (1768-1848) fertiggestellt.

Karl Abt, *1899, †1985 begann schon mit zwölf Jahren Ölbilder zu malen, besuchte die Pforzheimer Kunstgewerbeschule. Seine künstlerische Ausbildung setzte er 1928 an der Landeskunstschule in Karlsruhe fort. Ab 1935 wirkte Karl Abt als freischaffender Künstler in Pforzheim. Bekannt wurde er vor allem durch Landschaftsmalerei und durch Gemälde von Blumen. Nach der Zerstörung Pforzheims gegen Ende des Zweiten Weltkriegs bezog der Künstler im Pfarrhaus Eisingen ein Notquartier, bevor er nach Pforzheim zurückkehrte.

Pfarrhaus und „Höfle" | Pforzheimer Straße 11

Das „Höfle" 1935 (oben) und in den 1950er Jahren.
Foto oben: Landesamt für Denkmalpflege im RP Stuttgart, Dienstsitz Karlsruhe. Foto unten: Theodor Hottinger/Michael Oesterle

19 Das „Eisinger Höfle".

Bis zum Zweiten Weltkrieg war Eisingen ein Fachwerkdorf. In Werbeanzeigen für den Weinort hieß es sogar: „Eisingen bietet ein künstlerisch wertvolles Ortsbild". Auch an der Pforzheimer Straße 11 stand einst ein imposantes Fachwerk-Eckhaus. Das Erdgeschoss war massiv, mit Steinkonsole an der Ecke. Am Portalsturz war die Jahreszahl 1602. Der Giebel war vierfach vorkragend mit erhabenen Fensterrahmungen. 1975/76 mussten das „Höfle" und das auf 1576 datierte Nachbarhaus der neuen Straßenführung weichen.

Friedrich Weinbrenner

Johann Jakob Friedrich Weinbrenner zählt zu den bedeutendsten Baumeistern des Klassizismus im deutschsprachigen Raum.

Er kam 1766 in Karlsruhe zur Welt. Sein Vater Johann Ludwig war markgräflich-badischer Hofzimmermeister.

Weinbrenner junior absolvierte neben dem Schulunterricht am Karlsruher Gymnasium illustre eine Zimmermannslehre und arbeitete anschließend als Bauführer in der Schweiz.

Seit 1790 studierte er weitgehend autodidaktisch Architektur in Wien, Dresden und Berlin. Von 1792 bis 1797 vertiefte er seine Kenntnisse bei einer Studienreise in Italien, wo er sich mit führenden Künstlern und Intellektuellen wie dem Bildhauer Bertel Thorvaldsen, der Malerin Angelika Kauffmann und dem Kunsttheoretiker Carl Ludwig Fernow anfreundete.

Nach seiner Rückkehr arbeitete er in Karlsruhe, Straßburg und Hannover, bevor er 1800 nach Karlsruhe zurückkehrte. Dort übernahm er zunächst die Leitung einer privaten Bauschule.

Ab 1801 war er als Badischer Baudirektor für das gesamte staatliche Bauwesen der Markgrafschaft zuständig. Als Stadtplaner entfaltete er besonders in Baden-Baden und Karlsruhe eine rege Bautätigkeit. Durch seine zahlreichen Schüler entwickelte sich ein für Jahrzehnte prägender Weinbrenner-Stil, der sich im gesamten Südwesten verbreitete.

Weinbrenner starb 1826 in Karlsruhe.

Stadt AK (Stadtarchiv Karlsruhe): 8/PBS III 1694

Anzeigen

Uwe Kopp · Malermeister
Bohrrainstraße 8 · 75239 Eisingen
Tel.: 0 72 32 - 8 02 61 · 0 72 32 - 8 18 69
Fax: 0 72 32 - 8 06 80

**MALER- U. TAPEZIERARBEITEN
BODENBELÄGE
FASSADENBESCHICHTUNGEN
GERÜSTBAU**

ERFOLG BRAUCHT MENSCHEN!

**MACHER. MITDENKER.
MOTIVIERER. METHODIKER.**

www.kleiner-gmbh.de/karriere

Bauer's Gaststätte

- Herzhafte deutsche Küche und saisonale Köstlichkeiten
- Traditionelle polnische Gerichte
- Gepflegte Weine aus der Region
- Nebenräume für Feierlichkeiten
- Behagliche Sommerterrasse
- Vier Bundeskegelbahnen
- Übernachtungsmöglichkeiten

Talstraße 29-33 | 75239 Eisingen
Telefon: 07232-81346
bauersgaststaette@web.de

20 Fachwerkgebäude Waldstraße 2.

Wenn wir uns nun wieder Richtung Pforzheimer Straße begeben, sehen wir auf der linken Seite an der Ecke Waldstraße / Gartenstraße ein weiteres Fachwerkgebäude. Das giebelseitige, eingeschossige Haus aus dem 18. Jahrhundert wurde auf einem Vorgängerbau von 1500 erbaut. Es steht auf einem massiven Kellergeschoss, Schwelle, Rähm und Füllholz sind profiliert. Unter den Fenstern im Erdgeschoss befinden sich geschwungene Streben, unter denen im Obergeschoss zwei geschwungene Rauten.

Am Pfosten stand die Inschrift: „ANN / 175 MATHE(IS) KLOT(Z) / BRISC / KLOTZ". Darunter war ein Herz mit Tulpen. Die Inschrift war wohl schon in den 1930er Jahren fast unleserlich, was Lacroix 1938 vermerkte. Heute ist sie nur noch ansatzweise zu erkennen.

Emil Lacroix (*12.07.1905, † 26.01.1965) war ein Kunsthistoriker und Verfasser von regionalgeschichtlichen Büchern. Darunter „Die Kunstdenkmäler des Amtsbezirks Pforzheim Land (Kreis Karlsruhe)", 1938, in dem viele Bauten u.a. des Ortes Eisingen beschrieben sind.

Waldstraße 1 und 3 | Fränkische Hofanlage

Die Hofanlage im Jahr 1975.
Foto: Landesamt für Denkmalpflege im RP Stuttgart, Dienststitz Karlsruhe.

21 Fränkische Hofanlage Waldstraße 1/3.

Hier hat sich eine geschlossene fränkische Hofanlage aus dem 18. Jahrhundert erhalten. Augenfällig ist das zweigeschossige Fachwerkwohnhaus mit massivem Erdgeschoss und Krüppelwalmdach. Das Eckhaus verfügt über Blendflächen bzw. Rautenausfachungen in den Obergeschossen. In der Mitte des ehemals landwirtschaftlich genutzten Hauses befindet sich die Hofeinfahrt. Das Gebäude wurde zum Teil erneuert, der rückwärtige Bau aufgestockt und wohl um 1900 verschindelt. Schön ist die Vollständigkeit des so genannten Dreiseithofs (s. S. 22) mit Ökonomiebauten: Scheune, Stall mit Trockenschuppen und Schweinestall (zur Schweinemast). Ende der 1960er Jahre fand eine umfassende Renovierung statt. 2017 sollte die Hofanlage dem Neubau eines Seniorenheims weichen. Trotz Genehmigung wurde der Abriss nicht realisiert. Ein Besitzerwechsel 2018 brachte neue Perspektiven. Die Fassade diese ortsbildprägenden historischen Bauwerks soll erhalten bleiben, während im Inneren moderner Wohnraum entstehen soll.

22 Kleine Hofstelle in der Waldstraße 5.

Im Anschluß an die beschriebene fränkische Hofanlage besteht noch eine kleine Hofstelle in der Waldstraße 5.

Am Obergeschoss und Giebel ist das Fachwerk mit Schindeln verkleidet. Darunter befindet sich ein Fachwerk, denn die vorkragende Geschosse über dem massivem Erdgeschoss sind Zeichen des fränkischen Fachwerkstils.

Die Hofstelle 1975, das Fachwerk noch mit Schindeln verdeckt.
Foto: Landesamt für Denkmalpflege im RP Stuttgart, Dienstsitz Karlsruhe.

Das zweigeschossige, giebelseitige Haus, vermutlich auch aus dem 18. Jahrhundert, verfügt wie die Mehrheit der Eisinger Fachwerkgebäude über ein Krüppelwalmdach. Die an den Dreiseithof angebauten Schuppen und Stallungen, wahrscheinlich ebenfalls ursprünglich zur Schweinemast genutzt, sind noch recht gut erhalten.

Im Verlauf der Waldstraße stehen noch einige Fachwerkbauten, wie auf dem historischen Foto aus Ende der 1930er Jahre gut erkennbar sind, daher gehen wir die Waldstraße hoch bis zur Nummer 16.

Oben: Blick in die Waldstraße Ende der 1930er Jahre.
Foto: Michael Hartmann

Rechte Seite: Das Fachwerk der Waldstraße 14 im Jahr 1938, ohne den verdeckenden Putz.
Fotos: Reinhold Klotz

23 Renoviertes Fachwerk in der Waldstraße 16.

Dieses einstöckige giebelseitige Fachwerk-Wohnhaus vom 19. Jahrhundert in leichter Hanglage wurde 2006 umfassend renoviert. Am Eckpfosten trug es laut Lacroix 1938 noch eine Inschrift, die heute nicht mehr vorhanden ist: „DIESES / HAUS / HAT ERBA/UT CHRIST/OPH / BECHTOLT / UND SEINE / EHEFRAU / MARIA / EINE GB. / BENDIN / Z M.L. / AN / 18 . ." Interessant sind die letzten Initialien, sie verweisen auf die Zimmermannfamilie Lay aus Göbrichen, die von 1711 an rund 150 Jahre lang über mehrere Generationen hinweg zahlreiche Fachwerkhäuser in der Umgebung erstellt hatte.

24 Verputztes Fachwerk in der Waldstraße 14.

Unter dem daneben stehenden giebelseitigen verputzten Wohnhaus verbirgt sich ein richtiger Fachwerkschatz. Die fränkische Fachwerkbauweise ist an den vorkragenden Stockwerken und dem hervorstehenden Rahmholz (Rähm) noch gut zu erkennen.

Wunderschön sind die leider verdeckten Schmuckformen aus Rauten. Das Haus besitzt nach Lacroix (1938) am Eckständer eine Bauinschrift, die nur aus Initialien, wahrscheinlich der Bauherren und dem Baujahr besteht: AMB / AMM / 1754.

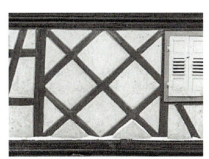

Hausinschriften und Bauinschriften

Hausinschriften zählten über viele Jahrhunderte hinweg zum festen kulturellen Bestand im ländlichen Raum, etwa ab der zweiten Hälfte des 17. bis Mitte des 19. Jahrhunderts. Doch deren historische Wurzeln liegen weit in der Vergangenheit, denn sie dürften wohl schon in Form von Zeichen in vorchristlicher Zeit bekannt gewesen sein. Die Germanen z.B. brachten an Türöffnungen Schädel erschlagener Tiere an. Dies diente zur Abwehr und zum Schutz vor bösen Mächten.

Das Schutzverlangen spiegelt sich auch in Hausinschriften späterer Zeit wider, denn sie enthielten Bibelsprüche, besonders Psalmen. Eine weitere Funktion der Hausinschriften war die Dokumentation der Fertigstellung des Gebäudes. Die reinen Bauinschriften, wie wir sie hier im Ort oft finden, beschränkten sich meist auf das Baujahr, den Bauherrn und ggf. auf Namen oder Initialen des Zimmermanns.
In Zeichen wie Blumen, Ranken, Herzen, Schnörkel usw. sehen wir oft nur schmückendes Beiwerk, doch es zeigt sich auch darin der Wunsch nach Schutz, Fruchtbarkeit und Wohlergehen.

Das Gasthaus „Zum Gengenbachtal"

25 **Das Gasthaus „Zum Gengenbachtal".** Ebenfalls in der Waldstraße steht das ehemalige Gasthaus „Zum Gengenbachtal". Im Jahr 1913 konnte der Bäcker Jacob Gauger diese Schankwirtschaft mit Branntweinausschank eröffnen. Sein Sohn Eugen Friedrich Gauger übernahm sie 1926 und führte sie bis 1960 weiter. 1951 bestätigte die Kreisbehörde die Existenz der Gaststätten Linde, Adler und Gengenbachtal. Alle drei durften nach dem Zweiten Weltkrieg ihren Betrieb weiterführen. Gauger bekam erst nach der „Entnazifizierung" seine Konzession wieder.

Rechts: Eine außergewöhnliche Dokumentation: Der Motorradclub Eisingen in der Waldstraße vor der Wirtschaft „zum Gengenbachtal" um 1936.
Foto: Privat

Unten: Weberstraße 5 in den 1930er Jahren.
Foto: Susanne Karst.

Hier endet unser Rundgang. Wir gehen zurück zur Pforzheimer Straße und diese entlang bis zu Haus Nummer 12. Hier biegen wir nach rechts in den Fußweg zum Parkplatz ab.

Ehemaliges Fachwerk in der Weberstraße 5.

Wer nicht sofort zurück möchte, kann auf der Pforzheimer Straße nach rechts und nach einigen Metern links in die Weberstraße abbiegen. Haus Nummer 5 wurde um 1890 gebaut. Eines der zwei aneinander gebauten Doppelhäuser wurde inzwischen abgerissen und dabei das Fachwerk beim anderen teilweise entfernt. Die neue Mauer wurde mit Bruchsteinen gemauert, wie freigelegte Balken und Mauer im Obergeschoss zeigen. Der Gewölbekeller blieb allerdings bis heute erhalten.

Der Waldpark.

Seit Anfang der 1960er Jahre ist Eisingen durch die Erschließung von Neubaugebieten über das alte Dorf hinausgewachsen. Vor allem für Flüchtende während und nach dem Zweiten Weltkrieg, für Heimatvertriebene und Evakuierte galt es neuen Wohnraum zu schaffen.

Auf dem Höhenrücken südlich des Dorfes, mitten im Eisinger Hauptwald, entstand ab 1972 die Wohnsiedlung »Waldpark«. Sie besteht im wesentlichen aus Hochhäusern und Bungalows. Mit dem Slogan „In der Stadt arbeiten – in der Natur wohnen" wurde die besondere Lage der Siedlung herausgestellt.

Öffentliche Kunst ist seit 1973 an der Auffahrt zum Waldpark zu sehen: Eine Betonskulptur „Tor zum Waldpark" von K. H. Goldmann und Armin Schröder.

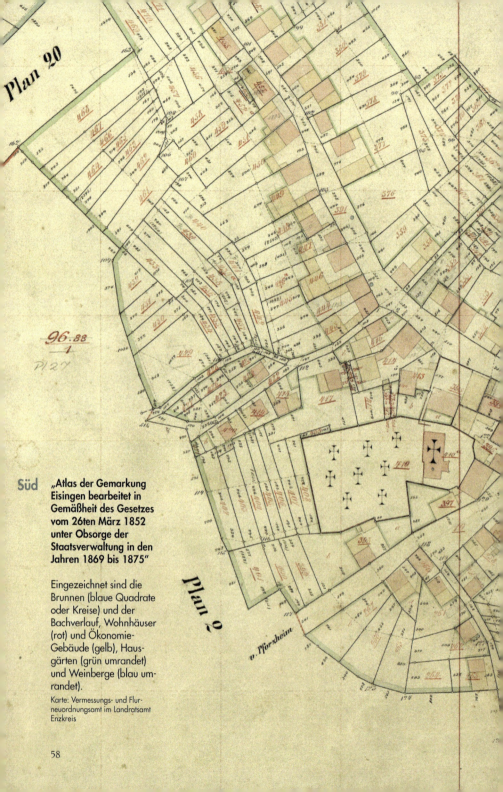

Römische Funde auf Eisinger Gemarkung

Die vor- und frühgeschichtlichen Fundstätten auf Eisinger Gemarkung waren bis vor einigen Jahren nicht besonders ergiebig. Dennoch gaben drei Fundstellen Hinweise auf eine frühe Besiedelung. Zum Ersten handelte es sich um ein vorgeschichtliches Hügelgrab, das im Hauptwald beim Hochbehälter festgestellt, durch den über den Hügel führenden Waldweg aber eingeebnet wurde. Es ist heute nicht mehr erkennbar. Die zweite Stelle war ein Areal beim Birkenwäldchen und dem Heidenkeller, beide wiesen auf die Existenz einer Villa Rustica hin.

Die vor Jahrzehnten gefundene römische Lanzenspitze lagert inzwischen beim Denkmalschutz.
Foto: Hermann Schönleber

Schon 1853 wurde dem Großherzoglichen Konservator der Kunstdenkmäler in einem Fragebogen die Antwort zuteil: „Es sind … Reste alter Fundamente, die zu einem ausgedehnten Bau gehört zu haben scheinen, es liegt davon beim Bürgermeister ein Stein aus gebrannter Erde…". Im Jahr 1987 wurde ein vollständig erhaltener Leistenziegel und eine römische eiserne Lanzenspitze gefunden.

Nach intensiver Spurensuche von Michael Oesterle und weiteren Funden nahm er Kontakt zur Archäologischen Denkmalpflege auf, die Funde und Örtlichkeiten wurden untersucht und die Existenz einer Villa Rustica bestätigt. Oesterle war es auch, der im Laufe der Jahre diverse Nägel aus der Römerzeit und rund 80-100 kg Ziegel fand. Neben Ziegeln zur Dacheindeckung waren darunter auch Ziegelsteine, die auf eine Hypokaustenheizung schließen lassen. Spezielle Luftbildaufnahmen des Gebietes haben zudem

Zahlreiche teilweise sehr gut erhaltene Ziegel konnten geborgen werden. Mit ihnen war das Dach des Hauptgebäudes des römischen Gutshofes gedeckt.
Fotos: Michael Oesterle

Römische Funde auf Eisinger Gemarkung

ergeben, dass der Gutshof bemerkenswert groß war und die im Boden befindlichen Mauerreste wohl ungewöhnlich gut erhalten blieben. Archäologe Günther Wieland vom Landesamt für Denkmalschutz zufolge handelt es sich um eine mittelgroße Villa Rustica. Das Landgut war mit einer Hofmauer von ca. 130 x 150 Metern Länge umgeben.

Das Hauptgebäude, ca. 30 x 25 m, ist durch einen Säulengang mit Freitreppe an der Front und flankierenden Ecktürmen gekennzeichnet. Daher handelt es sich um eine Portikusvilla mit Eckrisaliten. Ein zweites Gebäude mit 20 x 25 m Grundfläche, war wohl ein Wirtschaftsgebäude zum Lagern der Ernte.

Der Gutshof dürfte wohl 100 bis 260 nach Christus betrieben und Roggen und Gerste angebaut worden sein. Angesichts der Größe wurde hier nicht nur für den Eigenbedarf, sondern auch für die Versorgung von römischen Siedlungen in Pforzheim, Mühlacker und Remchingen produziert. Möglicherweise geht auch die Hoch- oder Wagenstraße, die von Stein über Eisingen nach Göbrichen führt, auf römische Zeit zurück.

In dem betreffenden Areal wurden alle Lesefunde geborgen; sie lagern bei der Denkmalpflege. Diese alleine wäre auch befugt, die Reste des fast 2000 Jahren alten römischen Landgutes in Eisingen auszugraben.

So könnte sie ausgesehen haben, die Eisinger Villa Rustica, die wohl nicht nur ihre Bewohner ernährte, sondern auch die Umgebung mit der erwirtschafteten Ernte belieferte.

Illu: Susanne Kaiser-Asoronye

Anzeige

SCHROTH
Bestattungen

73239 Eisingen
Kniebisstraße 30

07232 317024
Mobil 0172 9673391
info@bestattungen-schroth.de

Wir bieten seit 1899
Rat und Hilfe im
Trauerfall bei Tag
und Nacht.

- Erledigung
  aller Formalitäten
- Bestattungsvorsorge

HOFFMANN
KREATIVE RAUMGESTALTUNG

Möbelwerkstätte
Innenausbau
Küchen
Messebau
raumplus Systeme
Ergonomische Möbel

Andreas Hoffmann
Kirchsteige 17/1
75239 Eisingen
Telefon 07232 38230
Fax 07232 382399
info@ah-schreiner.de

www.HoffmannSchreinerei.de

Kfz-Reparaturen aller Fabrikate
Unfallinstandsetzung   Reifenhandel
Glas-Service   Klima-Service
Total Tankstelle mit Shop **HU + AU** im Hause

Tusch Kfz Total

Steiner Straße 43
75239 Eisingen
Tel. 07232- 89 94

www.autototaleisingen.de

Malergeschäft SEITER

● **Gerüstbau**
● **Fassadengestaltung**
● **Maler- und Tapezierarbeiten**

Joachim Seiter
Maler- und Lackierermeister
Keplerstraße 20 - 75239 Eisingen
Telefon 07232- 81067 oder 8371
Telefax 07232- 38 32 99

Das Naturdenkmal Eisinger Loch

Zum Besuch des Naturdenkmals „Eisinger Loch" fahren wir von der Ortsmitte aus auf der Talstraße in Richtung Kieselbronn und biegen nach rund 1,5 km (ab Ortsende) nach links in einen Weg ein. Nach rund 700 Metern wenden wir uns nochmals nach links und erreichen das Naturdenkmal.

Das Eisinger Loch.

Eine geologische Attraktion der besonderen Art hat Eisingen mit dem berühmten Eisinger Loch. Im Grunde genommen sind es zwei Löcher, die als Naturdenkmale geschützt sind. Es handelt sich dabei um zwei sogenannte Einsturz-Dolinen zwischen Göbrichen und Eisingen. Sie entstanden durch geologische Prozesse.

Zahlreiche Feld- und Wanderwege laden dazu ein, sowohl das Eisinger Loch als auch die Neulinger Dolinen zu Fuß zu erschließen.

Eisingen liegt am Rande der Bauschlotter Platte, einem verkarsteten Hochplateau. Der Untergrund besteht aus einer mächtigen Schicht aus Muschelkalk, über der eine dünne Schicht Lettenkeuper liegt. Sickerwasser löst im Muschelkalkgestein Gips und Steinsalze heraus. So entstehen mit der Zeit große Hohlräume, deren Deckschicht plötzlich einbrechen kann. Derartige Löcher werden auch als Dolinen bezeichnet.

Das Naturdenkmal Eisinger Loch

Das alte Eisinger Loch brach bereits im Jahr 1527 ein und ist heute mehr als 20 Meter tief und 40 Meter lang. Das neue Eisinger Loch wurde im Dezember 1966 entdeckt und war ursprünglich 47 Meter tief. Nachbrechendes Gestein füllt den Boden des Lochs langsam auf. Seine Öffnung ist derzeit etwa 7 mal 14 Meter breit. Durch fortlaufende Erosion verändern sich jedoch Tiefe, Länge und Breite ständig.

Natürlich verbinden sich zahlreiche Sagen um dieses außergewöhnliche Naturdenkmal: Es wird erzählt, dass zwei Gänge unter der Erde nach Göbrichen führen, davon endet der eine im Gasthaus zum Lamm, der andere führt in die Hölle. In anderen Geschichten wird das Verschwinden von Menschen, Tieren und Gegenständen mit dem Einbrechen im unsicheren Untergrund in Verbindung gebracht.

Spiegelbildlich zum Eisinger Loch schließt sich eine hügelige Wiesenlandschaft an: das Neulinger Dolinenfeld.

Die zahlreichen Senken in dem mit Röhrichten, Gebüschen und Bäumen bewachsenen Gebiet sind sogenannte Erdfälle, bei denen die obere Erdschicht in einen darunter befindlichen Hohlraum einbricht.

Da das 12,5 Hektar große Neulinger Dolinenfeld mit seiner Vegetation als ökologisch wertvoll eingestuft wurde, steht es bereits seit 1976 unter Naturschutz.

Literaturverzeichnis | Quellen

Diruf, Hermann u. Timm, Christoph: Kunst- und Kulturdenkmäler in Pforzheim und im Enzkreis, Stuttgart 1991

Häcker, Karl-Heinz: Zeichen der Siege – Zeichen der Trauer. Kriegerdenkmale und Gedenktafeln im Kraichgau, Eppingen 2011

Huber, Konstantin, Catharina Raible und Barbara Hauser: Kleindenkmale im Enzkreis. Verborgene Schätze entdecken, Ubstadt-Weiher 2013

Klotz, Jeff u. Freiburger, Ewald: Schlösser und Burgen in Karlsruhe, Pforzheim, im Kraichgau und Nordschwarzwald, Neulingen 2018

Klotz, Jeff u. Freiburger, Ewald: Kirchen und Klöster im Nordschwarzwald, Neulingen 2017

Lacroix, Emil; Hirschfeld, Paeseler, Peter; Kunstdenkmäler Badens, Band 9,7: Die Kunstdenkmäler des Amtsbezirks Pforzheim Land (Kreis Karlsruhe), Karlsruhe 1938

Rott, Hans: Die Kunstdenkmäler des Grossherzogtums Baden, Band 9,1: Die Kunstdenkmäler des Amtsbezirks Bretten (Kreis Karlsruhe), Tübingen 1913

Schönleber, Hermann: Eisingen – Vom Winzerdorf zur modernen Gemeinde. Ubstadt-Weiher 2010

Viele der Fachwerkbauten in Eisingen wurden im Zeitraum zwischen dem 18. und 19. Jahrhundert gebaut. Jedes Jahrhundert, jeder Zeitabschnitt hat seine typischen Baumerkmale in der Fachwerkkonstruktion. So findet man in Eisingen – wie auch im gesamten Enzkreis – vorwiegend Bauten in fränkischer Fachwerkbauweise.

Ein Gesamtwerk über **die schönsten Fachwerkbauten im Enzkreis** mit vielen großformatigen Abbildungen ist im J. S. Klotz Verlagshaus erhältlich. Die Besonderheiten und Baustile werden darin anschaulich und ausführlich von Jeff Klotz beschrieben.

Din A4-Format, ca. 140 Seiten, 29,90 €.

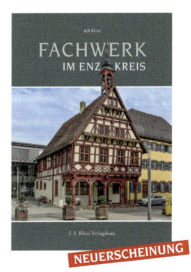

Autorenvorstellung und Dank

Foto: Uwe Kaiser

SUSANNE KAISER-ASORONYE

Die Königsbacherin wurde 1966 geboren und verbindet nach vielen Jahren als Grafikerin und Inhaberin einer Werbeagentur den Beruf mit ihrer Passion: der Heimatforschung. Sie ist Gründungsmitglied des Freundeskreis Königsbach-Steiner Geschichte und seit 1998 Vorsitzende des Vereins.
Ihr Buch „Feldpost eines badischen Leibgrenadiers 1914-1917" wurde beim Landespreis für Heimatforschung ausgezeichnet. Als Grafikerin und Autorin ist sie seit geraumer Zeit für das J. S. Klotz Verlagshaus tätig.

WAS NOCH WICHTIG IST:

Ein Ortsführer ist nicht die Arbeit einzelner, sondern ist ohne wertvolle Vorarbeit, Recherchen und Mithilfe vieler Geschichtsinteressierter fast nicht umzusetzen.
Ein ganz besonderer Dank gilt daher **Hermann Schönleber**, dessen Buch „Eisingen – vom Winzerdorf zur modernen Gemeinde" Grundlage des Ortsführers bildet. **Michael Oesterle** danken wir für die Bereitstellung vieler Informationen und aktive Mithife bei deren Beschaffung sowie für seine Recherchen bzgl. Eisinger Burg und der römischen Funde.

Wir danken dem **Landesamt für Denkmalpflege Karlsruhe**, insbesondere **Dr. Clemens Kieser** für historische Fotos und bauliche Auskünfte. Dem **Kreisarchiv Enzkreis** unter **Konstantin Huber** danken wir für die freundliche Unterstützung. Ein weiterer Dank geht an alle Ämter, die uns bereitwillig geholfen haben, u.a. dem Amt für Baurecht und Naturschutz sowie dem Vermessungs- und Flurneuordnungsamt im Landratsamt Enzkreis und dem Bauamt der Gemeinde Eisingen. **Andreas Überschaer** verdanken wir Informationen und Postkarten. Nicht zuletzt haben uns viele **Eisinger Bürger und Bürgerinnen** freudig Auskünfte, Fotos und Unterlagen überlassen. Auch ihnen sei herzlich gedankt. Wir danken dem **Bauunternehmen Kunzmann** und den **Inserenten**, die die Finanzierung des Ortsführers gesichert haben.